Tatort Reiterhof

Von Simone Veenstra und Ulrike Rogler

Mit Illustrationen von Ines Markowski

gondolino

© gondolino in der Gondrom Verlag GmbH, Bindlach 2005
Umschlaggestaltung: Gisela Dürr
ISBN: 3-8112-2204-X

002

Der Umwelt zuliebe gedruckt auf chlorfrei gebleichtem Papier.

5 4 3

Inhalt

Fall 1
Flammen in der Nacht

Die Pferde schnauben. Marie zappelt unruhig hin und her, gleich geht es los. Ihr allererster Nacht- ausritt! Ada, Tina und Caro hatten schon einmal diese Wochenendtour mitgemacht und erzählen auch jetzt ganz begeistert davon: Wie schön es gewesen sei, so lange mit den Pferden unterwegs zu sein, auch ein wenig unheimlich, in der Dun- kelheit durch den Wald zu reiten. Aber zum Glück hatte Manu, die Reitlehrerin, ihren Schäferhund Toto mitgenommen. Unentwegt hatte er die gan- ze Gruppe umkreist und so die Herde zusammen- gehalten. Nachts war er nicht von ihrer Seite ge- wichen und hatte den Schlaf aller bewacht.

„Wo steckt Manu eigentlich", will Tina wissen.

„Ich habe sie vorhin im Büro gesehen. Ihr Freund ist da. Jedenfalls steht sein roter Schlitten vor dem Haus", meint Caro.

„Wir können ja mal nachschauen", schlägt Ada vor. Marie begleitet sie.

Als sich die Freundinnen Manus Büro nähern, hören sie laute Stimmen. „Ich verkaufe nicht, egal, ob es gutes Bauland ist oder nicht!"

Durch das offene Fenster sehen Ada und Marie Manu, die auf und ab läuft. Am Tisch sitzt ihr Freund Tom, die ewige Nelkenzigarette in der Hand: „Denk doch mal an unsere finanzielle Situation! Wenn wir die baufällige Hütte mit der alten

Scheune abreißen und das Land in Parzellen ein-teilen, könnten wir viel Geld machen", ruft er zwischen zwei Zügen dieser merkwürdigen Zigarette, deren intensiver Geruch bis zu den Mädchen dringt.

„Nein! Versteh doch, mein Herz hängt einfach an dem alten Haus!"

„Aber ..."

Ada und Marie treten den Rückzug an.

„Und?", begrüßt Caro sie.

Gerade als Ada zu erzählen beginnt, kommt Manu dazu. Und sie sieht wirklich äußerst wütend aus. „Also los, aufsitzen", sagt sie nur und schwingt sich in den Sattel. Dann setzt sich die kleine Gruppe langsam in Bewegung, am Büro vorbei. An der Türschwelle lehnt Tom und wirft dem freudig bellenden Toto einen Hundekuchen zu. Wenn Tom da ist, weicht Toto kaum von seiner Seite. Jetzt aber ist sein Hüteinstinkt geweckt und er schließt sich der Gruppe an.

Die Pferde traben munter durch den Wald, durch dessen Blätterdach die letzten Sonnenstrahlen lugen. Als sie eine große Wiese erreichen, schlägt Manu den Mädchen den ersten Galopp vor. Das lassen sich die Freundinnen natürlich nicht zweimal sagen.

Langsam wird es dunkel. Sie sind auch schon eine ganze Weile unterwegs und Müdigkeit macht sich bemerkbar. Auch die Pferde fallen in Schritt. Nur eine knappe Stunde später erreichen sie ihren Lagerplatz. In der Dunkelheit sind das

alte Haus und die Scheune kaum zu erkennen. Ein bisschen gruselig ist das schon.

Aber erst einmal werden die Pferde abgesattelt und mit Heu trockengerieben. Daran ist nichts Unheimliches und die Mädchen kichern und bewerfen sich mit Stroh. Schließlich legen sie ihren Pferden Halfter an und lassen sie auf die Weide.

Erst danach ist das eigene Wohl an der Reihe. Unter Manus fachmännischer Anleitung zünden sie Holz in der mit Steinen umrandeten Feuerstelle an, grillen Würstchen und legen Kartoffeln in die Glut.

Nach dem Essen lässt sich Ada nach hinten ins Gras fallen: „Ist das schön! Schaut euch mal den Sternenhimmel an!"

„Wollen wir heute nicht draußen schlafen", fragt Caro. Von der Idee sind alle begeistert. Sie löschen das Feuer mit Sand und kuscheln sich in die Schlafsäcke. Es dauert nicht lange, da sind sie auch schon eingeschlafen.

Plötzlich wacht Marie auf. Hat sie da eben nicht ein Geräusch gehört? Schritte? Schleicht da jemand herum? Erschrocken fährt sie hoch. Da ist doch was! Aber die anderen schlafen seelenruhig. Nur Toto hat seinen Platz neben Manu verlassen. Weiter weg hört Marie ein kurzes Aufbellen. „Hm, bedrohlich klingt das nicht gerade, eher erfreut", überlegt sie. „Dann hat mich Toto wohl geweckt." Marie beruhigt sich.

Kurz darauf träumt sie bereits wieder. In wildem Galopp jagt sie über eine riesige Steppe. Ihr Pferd wiehert fröhlich. Das Wiehern wird immer lauter und ängstlicher, aufgeregtes Hundegebell mischt sich darunter ... Marie schlägt zum zweiten Mal die Augen auf. Das Gewieher hält an. Sie setzt sich auf. Was sie sieht, lässt ihr Herz stocken.

„Wacht schnell auf", schreit sie, „es brennt!"

Mit einem Schlag sind die anderen hellwach. Die alte Scheune brennt lichterloh, auch auf das Haus haben die Flammen schon übergegriffen.

Innerhalb von Sekunden sind alle auf den Beinen. „Stellt euch vor, wir hätten da gelegen", flüstert Caro. Sie zittert am ganzen Körper.

„Wo ist nur das Handy?", Manu wühlt in ihrer Satteltasche. Endlich hat sie es gefunden und ruft die Feuerwehr.

„Sie müssen gleich da sein", versucht sie die Mädchen zu beruhigen. „Schnell, packt eure Sachen zusammen und bringt sie zur Koppel, falls der Wind sich dreht. Gott sei Dank, ist sie weit genug von der Scheune entfernt. Die Pferde sind also in Sicherheit." Verwirrt schüttelt sie den Kopf. „Wie konnte das nur passieren? Wir haben das Feuer doch gründlich gelöscht?"

Die Mädchen machen sich wortlos an die Arbeit. Alle, bis auf Marie, die mit gerunzelter Stirn in die Flammen starrt. „Hilf mir mal", ruft Ada, doch Marie reagiert nicht. „Bist du taub?" Endlich dreht Marie sich um. „Weißt du, ich bin durch irgendein Geräusch geweckt worden. Ich dachte, es sei nur Toto, jetzt bin ich mir aber nicht mehr so sicher. Es war vielleicht jemand hier!"

„Du meinst, jemand hat das Feuer gelegt?", fragt Ada atemlos. Marie nickt.

„Wer sollte so etwas tun?"

„Ich habe da so einen Verdacht", erwidert Marie, „komm, lass uns nachsehen, ob wir irgendetwas finden." Die Mädchen schnappen sich zwei Taschenlampen und marschieren in einem weiten Bogen von der anderen Seite auf die Scheune zu.

Tatsächlich, da sind Reifenspuren. „Hier sind ein paar Zweige abgerissen, die Bruchstellen sind noch ganz frisch", ruft Ada. „Manche sind richtig rot. Hmm, sieht aus wie Farbe." Dann hören sie die Sirene der Feuerwehr.

„Wir müssen uns beeilen, bevor alle Spuren verwischt sind", mahnt Marie zur Eile und bückt sich um den Boden genauer zu begutachten. „Hier ist eine Linie aus Tropfen, die zur Scheune führt." Sie beugt sich so weit nach unten, dass ihre Nase fast den Boden berührt. „Es riecht nach

Benzin! Und irgendwie nach ... Zimt? So weihnachtlich. Was ist das denn? Hast du mal ein Taschentuch? Ich glaube, ich habe etwas Wichtiges gefunden." Ada gibt ihr ein Taschentuch und sieht sie fragend an. Marie bückt sich und hebt mithilfe des Taschentuchs einen braunen Stummel auf: „Sieht aus wie ...", sie riecht daran.

Das Sirenengeheul wird lauter, jetzt sind schon die ersten Feuerwehrwagen zu sehen. Schnell laufen die beiden zu den anderen zurück.

Es dauert lange, bis das Feuer gelöscht ist.

„Wie konnte das nur passieren", murmelt Manu immer wieder.

„Das können wir noch nicht mit Sicherheit sagen", antwortet der Feuerwehrmann, der neben ihr steht. „Vielleicht war die Glut des Lagerfeuers nicht vollständig erloschen und ein Funke flog über."

Marie und Ada sehen sich an.

„Nein", widerspricht Marie mit fester Stimme,

„es war Brandstiftung und ich glaube, ich weiß auch, wer es war."

Alle Köpfe fahren zu ihr herum. „Woher willst du das wissen?", rufen Tina und Caro wie aus einem Mund.

Weißt du, weshalb sich Marie so sicher ist?

Fall 2
Die übermüdeten Pferde

Ein Motorrad überholt Micha, der gerade über den Hof zu den Umkleidekabinen läuft. Der Motorradfahrer hält vor dem Stall, macht den Motor aus und setzt den Helm ab. „Andi", ruft Micha überrascht, „seit wann hast du ein Motorrad?" Der Mann auf dem Motorrad dreht sich zu Micha um.

„Hallo Micha. Das ist funkelnagelneu. Hab's mir gestern gekauft."

„Toll", Micha läuft bewundernd um die schwere Straßenmaschine. „Wolltest du nicht das Motorrad von Carolines Freund kaufen?"

„Ja, stimmt. Aber dann dachte ich mir, ich leiste mir mal etwas." Micha nickt.

„Toll", wiederholt er. „Ich sehe es mir später noch mal genau an. Muss jetzt zum Training."

„Hallo Micha", Caroline, die Voltigierlehrerin kommt gerade über den Hof und begrüßt ihren

Schüler. „Hallo Caroline! Ich bin gleich fertig. Muss mich nur noch schnell umziehen."

„Tu mir doch einen Gefallen, Micha, und bringe Herr Müller mit. Vorhin ist eine Reitstunde ausgefallen, deshalb steht er heute ausnahmsweise noch im Stall. Andi soll dir mit dem Aufzäumen helfen."

„Das kann ich doch alleine, dazu brauche ich Andis Hilfe nicht." erwidert Micha. Caroline lacht

„Na, das werde ich gleich in Augenschein nehmen."

Micha geht in den Stall um Herrn Müller, das Schulpferd, zu holen.

Andi hat die Motorradjacke gegen seine Arbeitskleidung getauscht. Er ist für die Pflege der Pferde zuständig. „Viel verdient man nicht", sagt er immer, „aber ich mach's wirklich gerne." Andi ist in der Kammer, in der das Futter gelagert wird. Als Micha hereinkommt, ist er gerade damit beschäftigt, aus großen blauen Säcken Kraftfutter

für die Pferde in einen Schubkarren zu füllen.

Tatsächlich ist Caroline zufrieden mit Micha, der Herrn Müller fertig aufgezäumt in die Reithalle führt. Jetzt gilt es sich auf das große Tunier vorzubereiten, dem Micha schon seit Wochen entgegen fiebert.

„In drei Wochen ist das Turnier. Im Großen und Ganzen bin ich schon zufrieden mit deiner Kür. Nur die Mühle war noch nicht ganz in Ordnung. Für die C-Pflicht reicht zwar eine halbe Mühle, aber ich denke, du bist gut genug für die ganze."

Caroline redet, während Micha auf Herrn Müller ein paar Runden dreht. Dann geht es los. Micha läuft im Galopprhythmus an, packt die Griffe, springt mit beiden Beinen ab, schwingt das rechte Bein hoch und gleitet weich in den Sitz hinter dem Gurt. Caroline lächelt aufmunternd. Die Fahne beherrscht Micha mittlerweile zu ihrer vollsten Zufriedenheit. Aber die Mühle – da hapert es noch. Immer wieder kommt Micha aus dem Vierertakt, der für diese Übung unbedingt eingehalten werden muss. „Micha", ruft Caroline, „konzentriere dich ..."

„Hier steckt der Bursche also!" Die Übung wird jäh unterbrochen. Wutentbrannt steht Michas Vater in der Tür. „Micha!", schreit er aufgebracht. „Habe ich dir nicht verboten diesen Sport weiter zu betreiben? Richtige Jungs haben hier nichts zu suchen!" Er stürzt auf Micha zu und reißt ihn vom Pferd.

„Das ist ja wohl nicht Ihr Ernst!", Caroline ist

ebenso außer sich wie Michas Vater. „Sie können den Jungen doch nicht einfach so vom Pferd ziehen!"

„Und wie ich das kann. Ich bin sein Vater."

Caroline versucht es diplomatischer: „Hören Sie, Herr Burmeister, Voltigieren ist nicht zwangsläufig Mädchensache. Es gibt auch viele Jungen, die diesen Sport betreiben. Er schult das Körpergefühl der Kinder. Sie lernen sich zu konzentrieren und zielstrebig auf etwas hinzuarbeiten."

„Ach Unsinn! Wen interessiert das?" Herr Burmeister packt seinen Sohn unsanft am Arm und zerrt ihn aus der Halle.

„Verdammt, wir leben im 21. Jahrhundert, Herr Burmeister. Heute dürfen Mädchen Fußball spielen und Jungen voltigieren!", Caroline ist wirklich empört.

Micha zappelt und schreit, während sein Vater ihn über den Hof zum Parkplatz zerrt. Herr Burmeister hat seinem Sohn gerade noch erlaubt

seine Kleider aus der dem Umkleideraum zu holen. „Andi", ruft Micha verzweifelt, als er den Stallburschen mit einer Ladung leerer blauer Futtersäcke im Schubkarren auf dem Feldweg bemerkt. Aber Andi scheint Micha nicht zu hören, denn er läuft ohne anzuhalten weiter. Erbarmungslos wird Micha von seinem Vater in das Auto geschubst und muss den Hof gegen seinen Willen verlassen.

Inzwischen sind zwei Wochen vergangen.

„Und du hast Micha seitdem nicht mehr gesehen?", will Walter, einer der Besitzer des Gestüts, von Caroline wissen.

„Nicht gesehen und nicht gesprochen", Caroline schüttelt traurig den Kopf. „Ich mache mir ehrlich gesagt ein wenig Sorgen um ihn. Er voltigiert für sein Leben gern." Die beiden starren trübsinnig über den Hof zu den Ställen. „Und da wir schon einmal beim Thema sind", fährt Caroline nach einer kleinen Pause fort, „ich sorge mich auch um die Pferde. Ich habe in den letzten Tagen bemerkt, dass sie früh müde werden. Als wären sie krank."

Das lässt Walter aufhorchen. „Aber das kann doch nicht sein. Alle Pferde bekommen gutes Futter und zusätzlich allerbestes, und übrigens auch nicht gerade billiges Kraftfutter. Wir lassen es extra vom Tierarzt anfertigen. Die blauen Säcke, du weißt schon. Nicht mehr das weiße Billigfutter. Bist du sicher, dass du dich nicht irrst?"

„Am Anfang dachte ich das ja auch, aber ich bin mir wirklich sicher. Vor allem Herr Müller wirkt, als wäre er um Jahre gealtert."

„Gehst du denn heute gar nicht nach Hause, Caroline", fragt Andi, der sich nach getaner Arbeit auf sein neues Motorrad schwingt.

„Ich wollte mich noch um meinen Sattel kümmern", erwidert Caroline. „Dann schließe ich die Ställe am besten noch nicht ab?", fragt Andi. Normalerweise geht er als letzter und sorgt dafür, dass alle Räume sorgfältig abgeschlossen sind.

„Nein, lass offen, ich werde noch eine Weile

brauchen. Ich kümmere mich darum, dass alles abgeschlossen ist."

„Na dann, bis morgen", verabschiedet er sich.

Caroline blickt Andi auf seinem Motorrad nach.

Gerade will sie sich wieder ihrem Sattel zuwenden, da sieht sie eine dunkle Gestalt in der Nähe des Feldwegs, die sich genau auf den Hof zu bewegt. „Wer ist denn das?" Caroline starrt angestrengt in die Dämmerung, aber sie kann nichts erkennen. Plötzlich verschwindet die Person im hohen Gras. Caroline hört so etwas wie einen unterdrückten Schrei. Gerade überlegt sie, was sie jetzt tun soll, da steht die Person wieder auf.

Langsam und humpelnd bewegt sie sich weiter Richtung Hof. Caroline beschließt sich zu verstecken. Sie will wissen, was hier vor sich geht. Sie läuft in den Stall, schließt die Tür hinter sich und versteckt sich in der Sattelkammer. Vom Fenster aus kann sie den ganzen Hof überblicken.

Gespannt starrt sie aus dem Fenster. Noch ist nichts zu sehen. Caroline ist ein wenig mulmig zumute. Was kann diese dunkle Gestalt nur wollen? Wer schleicht sich denn da abends heimlich auf den Hof? Das kann nichts Gutes bedeuten.

Immer wieder späht Caroline auf den Hof, aber es ist nichts zu sehen. Plötzlich hört sie etwas aus der Futterkammer. Ein Quietschen, dann ein Plumps. Vorsichtig schleicht Caroline durch den Stall. Sie steht jetzt unmittelbar vor der Kammer. Von drinnen hört sie ein Geräusch, als würde sich jemand die Hose abklopfen. Sie macht den letz-

ten Schritt und blickt in die Futterkammer. „Micha! Du?"

Erschrocken fährt Micha auf.

„Caroline!", Micha wird blass.

„Was um alles in der Welt machst du hier? Warum schleichst du dich heimlich an und kletterst durch das Fenster?", in Carolines Stimme schwingen Verwunderung und Wut gleichermaßen mit. „Ich komme heimlich her und übe. Ich will auf das Turnier. Ich will auch Geld zahlen, weil ich doch auf Herrn Müller reite. Ich muss nur warten, bis ich wieder Taschengeld bekomme." Micha blickt betreten zu Boden.

„Aber warum sagst du mir denn nichts?"

„Ich wollte dich nicht mit hineinziehen. Mein Vater würde dich anzeigen."

„Ach Micha", seufzt Caroline. „Du kannst doch nicht einfach heimlich trainieren. Ich wundere mich schon die ganzen Tage, warum Herr Müller immer so müde ist."

Erschrocken blickt Micha auf. „Oh, das wollte ich nicht. Ich habe doch auch nie lange trainiert." Er ist ganz geknickt. Dabei reibt er sich sein Knie, als würde es schmerzen. „Aber mit dem Trainieren ist es sowieso vorbei. Mein Knie tut furchtbar weh."

„Was hast du denn gemacht", fragt Caroline. Micha zieht die Hose hoch. Ein dicker Bluterguss kommt zum Vorschein. „Autsch", sagt Caroline, als sie das sieht, „wie ist das denn passiert?"

„Ich bin vorhin hingefallen", erklärt Micha. Die Reitlehrerin muss daran denken, wie die seltsame Gestalt kurz verschwunden ist und dann wieder auftauchte. Micha fährt fort: „Da ist ein riesiger Berg von diesen weißen Kraftfuttersäcken. Ich bin gestolpert. Das ist heute wohl mein Pechtag. Wenn ich gewusst hätte, dass ich Herrn Müller schade, wäre ich niemals heimlich hergekommen. Es tut mir so Leid!"

„Ist ja gut Micha. Eigentlich ist ja auch dein Vater schuld. Vielleicht finden wir ja noch eine Lösung. Und was Herrn Müller angeht, weiß ich gar nicht, ob es deine nächtlichen Reitstunden sind. Die anderen Pferde sind auch irgendwie müde. Wenn ich nur wüsste, was da los ist. Als hätten sie nicht genug zu fressen."

„Oh ja", sagt da Micha nachdenklich. „Ich glaube, ich habe da einen Verdacht."

Ahnst du auch, was hier vorgeht?

Fall 3
Die Pferdewette

Beates Onkel ist zu Besuch in der Stadt. „Hier kann man sich ja verlaufen", ruft er und lässt sich lachend auf das Sofa fallen. Beates Mutter verdreht die Augen. Der Onkel ist ihr kleiner Bruder und sie hat immer noch das Gefühl, ihn erziehen zu müssen.

„Nimm bitte die Schuhe vom Tisch", sagt sie auch jetzt wieder tadelnd, als es sich der Onkel so richtig bequem machen will. Der Onkel seufzt.

„Deine Mutter kann einem ganz schön das Leben schwer machen, was Beatchen?" Beate lacht. Sie freut sich, dass der Onkel da ist. Weil er in einem Dorf in Süddeutschland wohnt, kommt er sehr selten die lange Strecke nach Berlin mit dem Auto gefahren. Und Züge mag er schon gar nicht. „Was weiß ich, wer da am Steuer sitzt", sagt er immer.

Wenn der Onkel da ist, lädt er Beate zu tollen Sachen ein. Einmal war er mit ihr im Restaurant im Fernsehturm am Alexanderplatz. Da konnte sie heiße Schokolade trinken und über die ganze Stadt schauen. Ein anderes Mal ist er mit ihr ins Aquarium am Zoo gegangen. Dort gab es sogar eine abgetrennte Ecke mit Tiefseefischen, die im Dunkeln leuchten.

Auch für seinen diesmaligen Besuch hat er sich etwas Besonderes einfallen lassen. „Beate", verkündet er und schlägt sich voll Vorfreude auf den Oberschenkel, „heute fahren wir nach Hoppegarten." Beates Gesicht wird lang. Hoppegarten? Was soll sie denn da? Das ist ein Stadtteil am östlichen Rand von Berlin. Und wenn es da etwas Spannendes zu sehen gäbe, hätte sie bestimmt schon davon gehört. Aber der Onkel lässt nicht locker. „Dort ist heute das große Pferderennen", sagt er. „Jeden ersten Sonntag im Monat treten dort die schnellsten Pferde aus ganz Deutschland gegeneinander an." Da lässt sich Beate nicht zweimal bitten. Jubelnd zieht sie den Onkel zur Haustür.

Als sie an der S-Bahnstation Hoppegarten aussteigen, sind sie auch schon von ganz vielen Leuten umgeben. Früher waren Pferderennen ein Zeitvertreib für die Adeligen. So wie heute noch in England: Dort muss man bei den berühmten Rennen in Ascot als Dame einen schicken Hut tragen,

sonst wird man gar nicht hineingelassen. Aber im Hoppegarten ist das anders. Zwar gibt es ein paar besonders vornehm gekleidete Gäste, aber die sitzen auf einer Tribüne und prosten sich mit Champagnergläsern zu.

Beate kann das nicht verstehen. Sie findet es viel lustiger, mit dem Onkel und anderen Familien im Gras zu sitzen und auf das nächste Rennen zu warten. Der Onkel erklärt ihr, dass man sich zuerst die Pferde anschaut. Sie werden von den Jockeys auf einem Platz im Kreis geführt. Die Kenner stehen dann am Rand und begutachten den Muskelbau der Pferde, ihr Temperament und die Augen.

„Die Augen sind wichtig", sagt der Onkel, „sie sind der Spiegel der Seele und des Magens. Setz nie auf ein Pferd mit trüben Augen, das ist krank. Und zu sehr blitzen dürfen sie auch nicht. Das Pferd ist dann vielleicht zu wild und lässt sich gar nicht erst in die Startbox treiben."

Wenn man sich für ein Pferd entschieden hat, geht man zu den kleinen Häuschen, in denen die Wetten entgegengenommen werden. Man kann auf ein bestimmtes Pferd setzen. Je weniger Leute auf das gleiche Pferd tippen, desto höher ist der Gewinn, wenn es siegt. Sonst wäre es zu einfach. Wenn man sich nicht sicher ist, kann man aber auch einfachere Systeme tippen. Man kann zum Beispiel darauf setzen, dass das Pferd, das einem gefällt, unter den ersten drei ist, die durchs Ziel gehen. Dann gewinnt man weniger, weil man weniger Risiko eingeht. Es gibt aber auch noch ein paar kompliziertere Systeme, die Beate nicht so ganz versteht. „Das machen wir beim nächsten Mal", tröstet sie der Onkel.

Wenn man gesetzt hat, ruft ein Moderator per Lautsprecher den Beginn des Rennens aus. Dann strömen alle zurück zur Rennbahn. Der Start der Pferde findet meistens in ziemlich weiter Entfernung statt. Aber der Moderator hat oben in seinem Ausguck einen Monitor, von dem aus er alles ganz genau beobachten kann. Er hält die Zuschauer auf dem Laufenden. Nach dem Startschuss galoppieren die Pferde in einem Wahnsinnstempo über die runde Bahn. Wenn sie an der Tribüne und dem Grasplatz vorbeikommen, springen alle begeistert auf. Sie feuern ihre Favoriten an, während die kleinen, leichten Jockeys mit den Pferden an ihnen vorbeipreschen.

Das Rennen selbst dauert nur ein paar Sekunden. Danach gibt es die feierliche Siegerehrung.

Und dann fängt die ganze Prozedur mit anderen Pferden von vorne an.

„Jetzt weiß ich, wie alles funktioniert", ruft Beate nach dem zweiten Rennen. Ihr Onkel hat ihr bei einem der vielen Wurst- und Limonadebuden

eine Fassbrause spendiert. Beate ist ganz aufgeregt. Die Mutter wollte nämlich nicht, dass Beate auf irgendein Pferd setzt.

„Da wird mir das Kind noch spielsüchtig", hat sie gestöhnt und die Hände über dem Kopf zusammengeschlagen.

Aber der Onkel

hat versprochen, dass Beate von ihm fünf Euro bekommt. Die darf sie setzen, wann und wo sie will. Wenn das Geld verspielt ist, ist es eben weg, sagt der Onkel. Es ist sein nachträgliches Weihnachtsgeschenk an Beate. Da musste selbst die Mutter nachgeben.

Beate zerrt ihren Onkel zu dem Platz, auf dem die Pferde im Kreis laufen. Sie haben alle tolle Namen. „Black Wind" gibt es da, ein schöner, schwarzer Hengst mit glänzendem Fell. Oder die „Rote Zora", eine rotbraune Stute mit ganz sanften Augen. „Die hab ich mir aber anders vorgestellt", kichert Beate, die die rote Zora nur aus ihren Kinderbüchern kennt. Einer hat es Beate besonders angetan. „Grey Flash", der graue Blitz also. Er sieht ein bisschen traurig aus, aber er hat lustige weiße Flecken hinter dem Ohr. Als Beate hört, wie die Leute um sie herum abfällige Bemerkungen über den grauen Hengst machen, wird sie wütend.

„Auf den setze ich", sagt sie empört. Ihr Onkel schüttelt zweifelnd den Kopf.

„Der hat überhaupt keine Chance, Beatchen", sagt er. „Schau nur mal, wie lahm der vor sich hin trottet." Das gibt Beate den Rest. Sie schiebt den Onkel zu den Wetthäuschen. Das Kreuz auf dem vorgedruckten Wettschein darf sie selber machen, aber abgeben muss ihn der Onkel, weil er erwachsen ist.

„Sie sind aber mutig", lacht der Kassierer, „auf Grey Flash hat bisher nur einer gesetzt!"

Bis das Rennen beginnt, sind noch zehn Minuten Zeit. Plötzlich hat Beate keine Lust den Start aus der Ferne zu sehen.

„Ich komme gleich wieder", ruft sie ihrem Onkel zu und macht sich auf den Weg zu den Startboxen. Eigentlich darf dort niemand hin, hat ihr der Onkel vorhin erklärt, aber die ganze Bahn ist von Bäumen und Sträuchern umgeben und Beate wird schon einen Weg finden sich anzuschleichen. Während sie geduckt an den Ställen vorbeiläuft, sieht sie, wie die Pferde von den Jockeys zum Start gebracht werden. Grey Flash trottelt den anderen hinterher. Seine weißen Flecken leuchten hinter seinen Ohren. Plötzlich bleibt sein Jockey stehen. „Ich hab etwas vergessen", ruft er den anderen zu, „geht schon mal vor!"

„Das geht nicht", sagt ein Aufpasser in einem offiziell aussehenden Jackett, der offensichtlich darauf achten soll, dass es zu keinen Regelver-

stößen kommt. Neben ihm steht ein weiterer, dünnerer Mann, der auch so ein Jackett anhat.

„Ist schon okay, Boris", sagt der. „Du gehst weiter und ich passe auf den hier auf."

Beate beobachtet, wie der Jockey und der Dünne warten, bis die anderen um die Ecke gebogen sind. Plötzlich werden sie ganz hektisch und treiben Grey Flash vom Weg ab. Irritiert bleibt sie stehen. Sie sieht, wie Grey Flash hinter einen der Ställe gebracht wird. Sekunden später kommt er auf der anderen Seite wieder heraus. Der Jockey treibt ihn im Galopp den anderen Pferden hinterher. Beate kann Grey Flashs makellos graues Fell am Hinterkopf erkennen, als das Pferd im Galopp die Mähne schüttelt. Der dünne Mann rennt hinter den beiden her.

Beate hat es sehr eilig. Sie will jetzt nicht mehr zu den Startboxen. Wie ein Wirbelwind rast sie zurück zu den Tribünen. Ihr Onkel ruft ihr etwas zu, aber sie achtet gar nicht auf ihn. Stattdessen erklimmt sie die Leitersprossen zu dem Aussichtsturm des Moderators.

„Nanu", wundert sich der, als die keuchende Beate zu seinen Füßen erscheint.

„Sie müssen das Rennen stoppen", ruft sie. „Hier spielt jemand falsch und ich kann es beweisen!"

Weißt du auch, wer falsch spielt?

Fall 4
Die geklaute Zirkuskasse

„Gott sei Dank", ruft Maria aus ihrem Kassenhaus Matthias und Julika zu, „da seid ihr ja endlich!"

Seit der Zirkus Galloni in der Stadt gastiert, sind die beiden Geschwister fast jeden Abend hier. Das Programm kennen sie schon auswendig und inzwischen dürfen sie sogar als Gäste umsonst hinein. Denn Julika hat sich schon am ersten Abend mit Carla angefreundet und die ist immerhin Direktorstochter!

Die beiden Mädchen hängen jede freie Minute zusammen und quatschen vermutlich über Pferde. Dabei macht Matthias eigentlich auch nichts anderes. Sobald die Show um ist, verzieht er sich in Richtung Stall und hilft Tiziano, dem Stallburschen und Mädchen für alles. Er striegelt und füttert, kratzt Hufe aus und wirft Heuballen in die Boxen.

All das, wovon seine Schwester eigentlich immer so schwärmt und was er bis jetzt immer furchtbar langweilig fand.

Aber es macht tatsächlich Spaß! Vor allem gemeinsam mit Tiziano. Niemand von seinem Freundeskreis ist so weit herumgekommen und kann so toll erzählen wie Tiziano. Auch wenn seine Geschichten meistens mit wiehernden Vierbei-

nern zu tun haben, die Zeit mit ihm vergeht wie im Flug!

„Vielleicht kannst du ja mit ihm reden", meint Maria zu Matthias, „er streitet einfach alles ab!"

„Was ist denn los", fragt Matthias verwundert, der eigentlich gleich zu den Ställen wollte. Doch da reden sie auch schon alle gleichzeitig auf ihn ein. Fabrizio, der Direktor des Zirkus und Carlas Vater, Carla und Maria. „Moment, Moment, so geht das wirklich nicht", Matthias hebt abwehrend die Hände, „ich verstehe kein Wort wenn alle gleichzeitig reden. Sollte mir das einmal gelingen, werde ich hier im Zirkus anheuern." Die drei einigen sich, dass der Direktor erzählt, was vorgefallen ist. „Die Kasse mit den Einnahmen des Abends wurde gestohlen! Das ganze Geld ist weg!"

„Na ja" fügt Maria hinzu, „zum Glück nicht das ganze Geld. Ich hatte die Scheine schon aus der Kasse genommen und in den Safe gesteckt."

„Das sagst du erst jetzt?", fragt Fabrizio, „das ist immerhin eine gute Nachricht!"

„Es ist mir eben erst wieder eingefallen", entschuldigt sich Maria, „dennoch fehlen 500 Euro."

„Und wie kommen sie nun darauf, dass ausgerechnet Tiziano der Dieb sein soll?", will Matthias wissen. „Ich habe ihn um das Kassenhäuschen schleichen sehen", erzählt Maria. „Ja, und außerdem hat er erst letzte Woche um eine Gehaltserhöhung gebeten!", fügt Fabrizio hinzu. „Offensichtlich hat er sich die nun selber zugeteilt." Julika sagt gar nichts mehr, sie ist viel zu geschockt.

„Das ist doch Quatsch", nimmt Matthias seinen Freund in Schutz. „So etwas würde Tiziano niemals tun!"

„Aber warum ist er dann gleich in seinen Wohnwagen und hat sich eingeschlossen, anstatt sich zu verteidigen?", wollen die anderen wissen. Ein deutlicheres Indiz kann es ihrer Meinung nach nicht geben. Aber Matthias sieht das ganz und gar anders. „Was bleibt ihm denn anderes übrig, wenn ihr euch gleich mit eurem Verdacht auf ihn stürzt! Ihr wollt seine Freunde sein und jetzt verdächtigt ihr ihn gestohlen zu haben. Ist doch klar, dass er enttäuscht ist und sich zurückzieht." Alle gucken betreten zu Boden. „Aber wie sollen wir denn herausfinden, wer der Dieb ist?", fragt der Direktor hilflos.

„Am besten", sagt Matthias, „ihr sagt kein weiteres Wort zu niemandem. Um so weniger Einzelheiten über den Diebstahl bekannt sind, um so größer die Wahrscheinlichkeit, dass der Dieb sich verrät. Und macht euch keine Sorgen, ich werde euch den Täter schon bringen." Mit diesen Worten macht Matthias auf dem Absatz kehrt und geht hinüber zu dem Wohnwagen von Tiziano.

Er klopft an Tizianos Tür. Von innen ist nichts zu hören. „Mach auf, Tiziano, ich bin's, Matthias", ruft er immer wieder, aber da kommt nur ein trau-

riges „Du glaubst doch auch, dass ich es war!"
aus dem Wagen. Matthias lässt nicht locker.
Wenn Tiziano die Tür nicht aufmacht und ihn he-

reinlässt, dann könn-
ten sie schließlich
den eigentlichen
Dieb nie stellen, ruft
er laut genug, dass
es alle hören kön-
nen, denn er hat
schon eine Idee. Und
tatsächlich, zaghaft
öffnet Tiziano sei-
nem Freund die Tür
und kommt heraus.
„Gut", sagt Matthias
erleichtert, „wenn du
dich hier versteckst,
denken alle, du wärst
wirklich schuld." „Ich

war es aber nicht!" „Das weiß ich doch", beruhigt Matthias seinen Freund, „wir müssen jetzt nur denjenigen überführen, der es wirklich getan hat."

„Aber wie wollen wir das machen?", fragt Tiziano skeptisch. „Wir werden eine Befragung veranstalten. Wenn man die richtigen Fragen stellt, wird es nicht so schwer sein, etwas herauszufinden."

„Und was sollen das für Fragen sein?" Tiziano ist nicht richtig überzeugt. „Lass mich nur machen!" Matthias lächelt siegesgewiss.

Die gesamte Mannschaft hat sich im Zirkuszelt versammelt, so wie es Matthias wollte. Voller Vertrauen schauen ihn Tiziano und die Familie des Direktors an, der Rest ist eher skeptisch. Das Artistentrio Catharina, Giovanni und Roberto lehnt lässig am Tisch, sie glauben nicht, dass Matthias, ein zehnjähriger Junge, etwas herausfinden könnte. Clown Raffi jongliert mit vier Äpfeln, als ginge ihn das alles nichts an und Ter-

zia, die Kleintierdompteuse, will wissen, wann es endlich Essen gibt.

„Sofort", beruhigt sie Matthias. „Aber erst will ich euch allen ein paar Fragen stellen. Fangen wir mit der einfachsten an: Angenommen, ihr wärt der Dieb, was würdet ihr mit dem Geld anfangen?" Empörtes Gemurmel überall, jeder beteuert seine Unschuld und findet Matthias' Frage unverschämt. Doch dann tritt Tiziano vor. Er hat schließlich nichts mehr zu verlieren, weil ihn sowieso alle verdächtigen.

„Also, wenn das was hilft, ich habe letzte Woche um Gehaltserhöhung gebeten, aber noch habe ich keine Antwort. Wenn ich das Geld geklaut hätte, würde ich es sparen um es meiner Großmutter zu schenken. Die will schon seit Ewigkeiten ihre Veranda sanieren."

„Du bist ja süß", ruft da Catharina dazwischen. „Ich würde das Geld vermutlich ausgeben um mir einen eigenen Wohnwagen zu kaufen!"

„Was stimmt denn nicht mit unserem", will ihr Bruder Giovanni sofort wissen, aber Roberto weiß, was sie meint. „Was nicht stimmt? Du schnarchst, dass sich die Balken biegen. Ich würde vermutlich auch versuchen einen eigenen Wohnwagen zu kaufen, wenn ich das Geld gestohlen hätte!"

„Pah! Ich schnarche überhaut nicht", ruft Giovanni empört. „Ich persönlich würde einen Arzt bezahlen, damit ihr endlich von euern Wahnvorstellungen geheilt werdet!" Alle lachen.

Aber Matthias gibt keine Ruhe. „Und du, Raffi, was würdest du tun", fragt er den Clown.

„Das ist doch Bullshit", knurrt der beleidigt, „Was sollte ich denn mit einem Haufen Münzen anfangen?"

„Also ich", unterbricht ihn Terzia, der dieses Spiel offensichtlich Spaß macht, „würde mir etwas Schönes kaufen. Einen Hut oder ein Kleid oder vielleicht sogar ein Cabriolet!"

Wieder fangen alle an zu lachen. Ein Cabriolet!

Direktor Fabrizio bittet um Ruhe.

„Nun, Junge", will er wissen, „was hast du noch für Fragen?"

„Keine mehr", antwortet Matthias ruhig. „Ich weiß bereits, wer die Kasse geknackt hat und es war nicht Tiziano!"

Bist du genauso schlau wie Matthias und weißt bereits die Antwort?

Fall 5
Falsches Turnierreiten

Franz keucht. Er ist einfach kein Sportler. Dafür ist er ein absolutes Mathegenie. Eines Tages wird er Matheprofessor in Cambridge oder Physiker bei der NASA! Oder vielleicht auch etwas Aufregenderes. Privatdetektiv in Los Angeles. Aber jetzt ist er erst einmal damit beschäftigt, das Tempo zu halten.

„Mensch Hedi, jetzt komm doch endlich mal auf den Punkt, ich klapp gleich zusammen", jappst er und stupst gegen das bestiefelte Bein, das da neben ihm in einem Steigbügel steckt. Hedi grinst auf ihren rotgesichtigen Freund hinunter. Mit langen Zügeln reitet sie Daliah gerade ab. Ein bisschen Muskelerwärmung, dann ein paar Cavalettis zum Einspringen und ein paar Sprünge bei den hohen Hindernissen.

„Sei doch froh, dass mir das nicht erst nachher

eingefallen ist, wenn wir beim Einspringen sind",
kichert sie.

„Sehr witzig, dir würde es sicherlich Spaß
machen, mich über 30 Zentimeter hohe Hürden
zu hetzen, nur um mir aufzutragen, welche Satteldecke ich noch besorgen soll."

„He, Franz, du weißt doch, dass ich dir dankbar
bin! Also die mit den roten Karos. Das ist unsere
Lieblingsdecke, fast schon unser Markenzeichen.
Die bringt uns jetzt schon vier Jahre Glück."

Franz macht ein Okay-Zeichen mit Daumen und
Zeigefinger und fällt zurück. Erschöpft stemmt er
die Hände in die Seiten. Ordentlich warm ist ihm
geworden. „Was für ein Glück, dass ich nicht als
Pferd geboren bin", murmelt er vor sich hin, als er
seine rote Jacke auszieht und sich auf den Weg
macht.

Wo man hinschaut Pferde. Rappen, Füchse,
Falben, Schecken. Und dazwischen die aufge-
regten Turnierteilnehmer. Karla, die Freundin sei-

ner kleinen Schwester springt vor lauter Anspan-
nung wie ein Gummiball immer wieder in die
Höhe. Sandra, die Schulqueen schüttelt ihr blon-
des Haar lässig über die Schulter und dehnt ein
wenig ihre Beinmuskulatur. Sie weiß genau, dass
viele der anwesenden Jungs nur wegen ihr hier
sind. Franz schnauft verächtlich. Dabei kann sie
noch nicht mal richtig reiten. Sie sitzt auf ihrem
Pferd, als ob sie einen Stock verschluckt hätte.
„Herrschaftlich" nennt sie das. Unsensibel trifft es
eher, denkt sich Franz, denn sie hilft ihrem Pferd

bei keinem einzigen Sprung. Hedi dagegen scheint mit ihrer Daliah verwachsen zu sein.

Irgendjemand hatte ihm mal erklärt, sie würde im Caprilli-Stil reiten. Nun ja, wenn das bedeutet, dass sie die Bewegungen des Pferdes mitmacht, dann stimmte das wohl. Franz kennt sich nicht so gut aus. Aber egal, denn jetzt gilt es erst mal, die Glückssatteldecke zu besorgen.

„He, Franz", brüllt da Marcel. „Hat dich deine Sklaventreiberin mal wieder losgeschickt?" Die anderen lachen. Auch Sandra steht lässig an einen Kastanienbaum gelehnt und grinst.

„Es gibt halt Reiterinnen, die sich vorbereiten, anstatt nur lässig herumzustehen und ihr Pferd alles alleine machen zu lassen", gibt Franz zurück und freut sich über Sandras wütenden Gesichtsausdruck.

Marcel tippt sich vielsagend an die Stirn.

„Irgendwann ist ihre Glückssträhne auch zu Ende, mein Freund."

„Halt den Mund, Marcel, du verstehst doch genauso wenig vom Reiten wie vom Glück", zieht Franz ihn auf. „Vom Reiten wirst du nie etwas verstehen, weil Sandra auch keine Ahnung davon hat, und das Glück hat dich in Mathe und Physik jedenfalls verlassen, oder?" Franz wirft sich seine Jacke über die Schulter, dreht sich um und lässt die Gruppe einfach stehen. Er weiß, das war vielleicht ein bisschen gemein, aber Marcel nutzt auch jede Gelegenheit um ihm eins auszuwischen. Nun ja, wenn es so weitergeht, dann hat das auch bald ein Ende, dann wird Marcel nämlich nicht versetzt.

Die Decke liegt im Transporter auf dem Beifahrersitz, genau wie Hedi es beschrieben hat. Im T-Shirt und mit der Decke schlenkernd marschiert er in Richtung Übungsfeld. Marcel und die anderen stecken gerade ihre Köpfe zusammen.

„He", ruft ihm einer hinterher, „zieh dich besser wieder an, Muttersöhnchen, sonst verkühlst du dich noch." Aber zu Franz' Überraschung ist es ausgerechnet Marcel, der ihn zurechtweist.

„Pst, sei ruhig!"

Auch Sandra hat sich daran gemacht, ihren Rappen abzureiten. Ein wirklich tolles Pferd hat sie da! Der misst bestimmt fast 1,80 m. Und wie sein Fell glänzt.

„Na, bewunderst du meine Tochter?" Sandras Papa, Herr Roppelt, steht plötzlich neben Franz. „Seid ihr in einer Klasse?"

„Äh, ja. Aber, um ehrlich zu sein, ich hab gerade das Pferd bewundert", antwortet Franz. Herr Roppelt lacht dröhnend und schlägt ihm freundschaftlich auf den Rücken.

„In deinem Alter hatte ich auch nur Augen für Pferde, nicht für Mädchen", erzählt er. „Aber du hast Recht, Blizzard ist wirklich ein echtes Springpferd. Toller Stammbaum. Wenn sie mit dem nicht gewinnt, dann weiß ich auch nicht." Franz murmelt irgendetwas vor sich hin und entschuldigt sich dann. „Geh nur, ich seh' schon, du

hast eine Satteldecke dabei, da wartet sicher jemand auf dich." Franz nickt dankbar und rennt so schnell wie möglich zu Hedi.

„Was hat sie?", fragt diese bald darauf ungläubig.

„Einen echten Springteufel", bekräftigt Franz. „Ihr Vater hat ihr den gekauft. Er will ihr wohl unbedingt zum Sieg verhelfen."

„Ach, Quatsch." Hedi schüttelt ihren Kopf. „Das geht doch nicht so einfach, da muss man schon ein bisschen mehr können, als einfach nur auf einem Pferd zu sitzen." Aber Franz merkt, dass sie beunruhigt ist.

„Zumindest hast du ja deine Glücksdecke", versucht er sie aufzumuntern.

„Genau", lächelt sie.

„Da wird schon nichts schief gehen." Franz spuckt ihr mit einem „Toi, toi, toi!" noch dreimal über die Schulter, bevor er auf die Zuschauertribüne verschwindet.

Hier spürt man die Aufregung genauso stark wie unter den Reiterinnen. Eltern, Geschwister, Freunde, alle hoffen und bangen mit. Viele rufen den Reitern etwas zu. „Du schaffst das Luise, ich weiß es", brüllt eine gelb gekleidete Dame in Franz' Ohr.

Ein wenig später ist es der Mann schräg vor ihm, der sich nicht mehr zurückhalten kann. „Was hab ich dir gesagt, Malte? Du sollst es ruhig angehen lassen. Ruhig!" Franz denkt sich so seinen Teil. Ruhe scheint auch nicht gerade die Stärke des Vaters zu sein.

Dann wird es auf einmal ganz still. Sandra reitet auf Blizzard ein. Die beiden sehen wirklich toll zusammen aus. Selbstsicher beginnen sie ihren Durchgang und tatsächlich, sie schaffen alle Barrieren ohne Fehler. Selbst beim Drop läuft alles wie geschmiert. Ihr Pferd ist wohl auch an schwierigere Hindernisse gewöhnt. Applaus brandet auf, Sandra steht in der Bewertung an erster Stelle. Siegessicher winkt sie noch einmal ihrem Publikum zu und verschwindet.

„Das kann Hedi toppen", denkt sich Franz. „Sie

muss nur eine bessere Zeit reiten." Schließlich ist das ja nicht ihr erstes Barrierespringen.

Und da kommt sie auch schon.

Aber irgendetwas ist anders als sonst. Daliah tänzelt nervös hin und her, schüttelt immer wieder die Mähne und wirft den Kopf zurück. Franz sieht, wie Hedi sich beruhigend vorbeugt und ihrem Pferd die Seite tätschelt. Für einen Moment sieht alles wieder gut aus. Die ersten drei Hindernisse nehmen die beiden ohne Probleme. Franz kontrolliert die Zeit auf seiner Uhr – sehr gut, das könnte reichen – als er es neben sich aufschreien hört.

Als er hochblickt, sieht er gerade noch, wie Daliah ausbricht und bockt. Er springt auf. Hedi kann sich noch in letzter Minute an die Mähne klammern und lässt sich seitwärts von ihrem Pferd gleiten. Die Runde wird abgeläutet. Ein Raunen und Murmeln geht durch die Menge. Was ist da nur los? Hedi und Daliah sind doch eigentlich ein eingespieltes Team. Und tatsächlich steht die Stute jetzt, wo alles vorbei ist, lammfromm neben ihrer Reiterin.

Franz quetscht sich durch die Menge und rennt Hedi entgegen. Kopfschüttelnd führt sie Daliah am Zügel.

„Sag nichts, wir haben's verbockt. So ein Mist, jetzt gewinnt auch noch diese arrogante Ziege." Missmutig stapft sie auf den Transporter zu. „Jetzt sattle ich erst mal ab, ich glaube nicht, dass ich große Lust habe die Preisverleihung anzusehen!"

Da kommt auch schon Hedis Familie angerannt. „Spätzchen, mach dir nichts daraus, man kann nicht immer gewinnen", tröstet ihre Mutter und nimmt Hedi in den Arm.

„Eben, das nächste Mal geht wieder alles gut", bestätigt ihr Vater und ihr kleiner Bruder klopft ihr unbeholfen auf den Rücken. Franz hält Daliah fest und tätschelt den Hals des Pferdes, während

Hedis Vater den Sattel abnimmt, den er seinem Sohn in die Hand drückt. Die grüne Decke schmeißt er in das Fahrerhäuschen und beginnt dann Daliah abzureiben. Hedi steht neben ihm.

„He, Franz, danke für deine Hilfe, auch wenn es wohl nichts genutzt hat, du warst echt klasse." Franz wehrt ein wenig verlegen ab. „Doch, echt! Er hat sogar Daliah für mich nachgegurtet", erzählt sie ihrer Familie.

Da horcht Franz auf.

„Ich habe was?", fragt er Hedi. „Daliah nachgegurtet, während ich mit Sandra geredet habe. Die hat dich auch gesehen. Sei doch nicht so bescheiden! Ich wusste gar nicht, dass du das kannst", lacht Hedi. „Das sollte wohl eine Überraschung sein."

Franz kommt ein bitterer Verdacht. „Woher weißt du denn, das ich das war?"

„Komm schon, deine rote Kapuzenjacke erkenne ich doch auf hundert Meter." Hedi ist verwirrt. „Was ist denn los, du wirst ja ganz blass."

Aber Franz marschiert schon zielsicher auf den Transporter zu und schnappt sich die Sattelde-

cke. „Du hast doch deine Glücksdecke genommen, oder?"

„Warum?"

„Weil ich glaube, dass dich jemand sabotiert hat. Und ich weiß auch schon wer!"

„Vorsicht, mein Sohn, mit solchen Beschuldigungen", mahnt Hedis Vater, aber Franz hat sich schon die grüne Decke geschnappt.

„Seht ihr", sagt er in die Runde und schüttelt die Decke kräftig. Kleine grüne, stachelige Dinger fallen heraus. Hedi wird auf einmal ganz rot vor Wut.

„Also, das ist doch die Höhe", schnaubt sie.

Hast du auch schon herausgefunden, was passiert ist?

Fall 6
Der falsche Kutscher

Stefan seufzt tief und trottet, die Augen auf den flimmernden Boden gerichtet, hinter seinen Eltern her. Ausgerechnet in Wien mussten sie den Sommerurlaub verbringen. Weil sich seine Eltern hier kennen gelernt hatten. Das mag ja schön romantisch sein, aber für Stefan gibt es hier nun mal nichts wirklich Aufregendes zu erleben. Den ganzen Tag nur alte Gemäuer: Kirchen, Theater, Opernhäuser. Selbst die Kaffeehäuser sind an sich schon Touristenattraktionen und müssen bestaunt werden. Von außen wie von innen. Nun ja, eigentlich ist das schon ganz okay: Ab und zu Eistee trinken und die Menschen beobachten, die sich hier versammeln und „Melange" bestellen oder „einen Kurzen", Kaffeespezialitäten, für die die Wiener berühmt sind. Und weil seine Eltern in ihren Erinnerungen schwelgen, las-

sen sie ihn auch in Ruhe. Kein „Schau mal hier, Stefan!", kein „Ist das schön, kannst du dir vorstellen, aus welchem Jahrhundert das ist?".

Trotzdem reicht es ihm langsam, durch die ganze Stadt geschleift zu werden. Am liebsten wäre er zu Hause geblieben. Da hätte er in Ruhe mit seinem Pferd Donner ausreiten, den Rest des Tages im Stall verbringen und vielleicht auch ein bisschen Springen üben können. Nächstes Jahr will er nämlich am Jugendturnier teilnehmen. Und gewinnen natürlich, denn Donner ist nicht nur ein schneller Läufer, sondern auch ein sehr gutes Springpferd. Die Cavalettis sind für ihn ein echter Witz. Aber für Stefan springt er auch über langweilige 30-Zentimeter-Hindernisse.

„Na, was lächelst du so", reißt ihn da seine Mutter aus den Gedanken.

„Sicherlich steckt da ein Mädchen dahinter." Sein Vater stupst ihn herausfordernd in die Seite.

„Oh, Mann", seufzt Stefan auf, „seit wir hier sind, denkt ihr auch wirklich nur noch an die Liebe, oder?" Seine Eltern müssen lachen.

„Auwei, ist es sehr schlimm? Sollen wir zur Abwechslung mal eine Runde über Pferde reden", zieht ihn sein Vater auf.

„Ach Paps, du hast doch gar keine Ahnung von Pferden. Du kannst doch nicht einmal einen Rappen von einem Schimmel unterscheiden!"

„Aber natürlich kann ich das! Der Rappe ist schwarz, der Schimmel weiß. Sprich: das dunkle

Pferd hat viele Farbpigmente in seinen Haaren und in der Haut, das helle eben nicht."

Stefan ist überrascht. Das mit den Farbpigmenten ist ihm selbst erst vor kurzem im Biounterricht klar geworden, als es um dunkle und helle Haut ging. Der Lehrer hatte erklärt, warum manche Menschen im Sommer schnell braun werden – eben wegen der Farbpigmente in der Haut – und wieso andere eher dazu neigen, rot zu werden und Sonnenbrand zu bekommen.

„Eigentlich", denkt Stefan laut, „sind Pferde und Menschen gar nicht so verschieden!" Wieder grinsen seine Eltern amüsiert. Offensichtlich ist er in diesem Urlaub der Kasper. Sein Vater lässt ein kleines Wiehern hören, sodass die Leute am nächsten Tisch die Köpfe recken um zu sehen, was los ist. Stefans Mutter wird ein kleines bisschen rot und versetzt ihrem Mann einen warnenden Tritt.

„Was die Haar- und Hautfarbe angeht, mag das

ja stimmen, aber Pferde werden hier im Café nicht bedient", warnt sie.

„Prima", freut sich der Vater, „dann musst du mich einladen, denn bestimmt dürfen Pferde auch nicht zahlen!"

Gut gelaunt treten die drei wieder auf die Straße, als Stefan gegenüber am Straßenrand einen Fiaker entdeckt. „Schaut mal", ruft er entzückt aus. Seine Eltern begreifen sofort.

„Na, dann wollen wir mal eine kleine Stadtrund-

fahrt machen", murmelt der Vater. Eigentlich würde Stefan ja lieber im Feld reiten, als eine Rundfahrt durch die Stadt zu machen. Außerdem hat er das Wichtigste ja eh schon während der vielen Spaziergänge in den letzten Tagen gesehen, aber was soll's. Der Fahrer hat seinen Hut über das Gesicht gezogen und schnarcht im sengenden Sonnenlicht.

Die beiden hübschen Pferde – ein Brauner und ein Schimmel – haben Scheuklappen auf. Stefan nähert sich vorsichtig von vorne, damit sie ihn sehen können und er sie nicht erschreckt. Beide spitzen die Ohren und schnauben leise. Stefan tätschelt das rechte vorsichtig. Aber das linke zuckt zurück, legt die Ohren an und schüttelt den Kopf. Von der Bewegung wacht der Kutscher auf.

„Vorsicht, Junge, der ist ein bisschen unwillig, schon seit Tagen. Will nicht so recht, wie ich!" Er zieht die Zügel an. Das Pferd weicht nach hinten aus, dreht den Kopf und scheuert sein Maul und

die Nüstern am Rücken des Braunen, der daraufhin ebenfalls etwas unruhig wird.

„Siehst du, was ich meine, er ist wirklich garstig heute!"

„Komm, Stefan, wir suchen uns einen anderen Fiaker", meint seine Mutter.

„Aber nein, Madame, Ihnen wird nichts passieren, ich hab meine Pferde im Griff. Er ist nur ein bisschen störrisch, aber das werden Sie gar nicht bemerken!" Der Kutscher redet weiter auf Stefans Eltern ein und versucht sie zum Einsteigen zu überreden.

Stefan geht ein bisschen dichter an den Schimmel heran, ohne das Tier zu berühren. Warum der Kutscher immer von „ihm" redet, versteht er nicht so recht, es ist eindeutig eine Schimmelstute. Aber vielleicht ist das ja Fachjargon der Wiener. Etwas anderes dagegen sind die roten Bläschen am Maul und die Kruste an den Nüstern. Das gibt ihm wirklich zu denken.

„Sagen Sie mal", unterbricht er den Kutscher, der immer noch redet, „sind das eigentlich Ihre Pferde?"

„Was? Natürlich! Schließlich halte ich ihre Zügel in der Hand, mein Junge."

„Ich meine, gehören die beiden Ihnen auch? Bringen Sie sie heute Abend in Ihren eigenen Stall?"

„Ich weiß gar nicht, warum du das alles wissen willst", murrt da der Kutscher. „Was ist, steigen Sie nun ein oder nicht?"

Stefan klettert vorne auf den Bock. Seine Eltern

steigen verwundert hinten in die Kutsche, sie haben keine Ahnung, was ihr Sohn vorhat. Doch Stefan weiß genau, was Sache ist.

„Wir fahren jetzt zu den Ställen", sagt er.

„Nichts da, meine Schicht hat gerade erst angefangen", widerspricht der Mann.

„Das hier ist Ihr Stammplatz, oder?"

„Klar, aber was soll das hier eigentlich werden?" Stefan hat sich die Zügel gegriffen und schon setzen sich die beiden Pferde im Schritt in Bewegung. Der Kutscher flucht und versucht die

Zügel wieder an sich zu nehmen. Doch Stefan gibt sie ihm freiwillig. Sie bleiben ein paar Meter weiter, im Schatten des großen Postfuhramtes stehen.

„Ich mache Ihnen einen ganz einfachen Vorschlag", beginnt Stefan, ohne auf die Wut des Mannes zu achten. „Wir fahren jetzt zu den Ställen zurück. Sie tauschen die Stute gegen ein anderes Pferd und ich verrate auch nicht, dass Sie keinen blassen Schimmer von Pferden haben."

Stefans Vater beugt sich vor. „Ah, ich glaube ich weiß, was du meinst, mein Sohn! Sehr gut beobachtet!"

Stefans Mutter nickt ebenfalls. „Aber wir sollten zur Bedingung stellen, dass er sich das Grundwissen aneignet. Und die Pferde die nächsten Tage selbst versorgt. Wenn du nicht gewesen wärst, hätte das arme Tier bestimmt noch mehr Schaden davongetragen."

Der Kutscher schaut seine drei Fahrgäste verwirrt an. Er weiß noch immer nicht, was los ist. Ratlos schüttelt er den Kopf.

„Tja", sagt Stefan zu ihm, „da weiß sogar mein Vater besser Bescheid als Sie! Los geht's."

Und was ist mit dir, hast du auch schon herausbekommen, was den Kutscher verraten hat? Wie konnte Stefan sicher sein, dass er keine Ahnung von Pferden hat?

Fall 7
Das verschwundene Pferd

„Tja, Jacki, du musst zugeben, dass du ganz eindeutig verloren hast", feixt Dennis. Dennis ist Jackis Zwillingsbruder.

„Bitte Dennis, lass es mich noch mal versuchen. Sonst klappt es immer", fleht Jacki ihren Bruder verzweifelt an.

Aber Dennis schüttelt den Kopf. „Gewettet ist gewettet. Niemand hat dich dazu gezwungen. Du prahlst seit Tagen mit deinen Reitkünsten und wenn es darauf ankommt, dann stellt sich heraus, dass du gar nichts kannst."

„Natürlich kann ich es. Nur eben hat es nicht geklappt!" Jetzt ist Jacki wirklich böse. „Du glaubst doch nicht etwa, dass ich gelogen habe?"

„Das habe ich nicht behauptet." Dennis kann sich das Grinsen einfach nicht verkneifen. „Es ist nur seltsam, dass du bei einer solchen Wette nicht dein Bestes gibst. Und wenn du dein Bestes gegeben hast, dann hättest du es eigentlich auch schaffen müssen."

„Kinder, was streitet ihr denn schon wieder? Könnt ihr denn nicht mal friedlich sein?" Frau Hirschfeld, die Mutter von Jacki und Dennis, kommt gerade mit einem Korb voll frischem Gemüse aus dem Garten.

„Jacki erzählt mir seit einer Woche, sie könne im Stehen auf Lukas einmal über die Koppel rei-

ten", erklärt Dennis seiner Mutter, „da habe ich heute mit ihr gewettet. Wenn sie es schafft, bekommt sie mein neues Taschenmesser, wenn nicht, bekomme ich ihren Gameboy und sie muss alle Reitstiefel, die auf dem Hof sind, putzen. Und sie hat's nicht geschafft! Noch nicht mal die Hälfte!"

„Jacki, Dennis, ich habe euch doch gesagt, ihr sollt diese gefährlichen Spiele lassen. Jacki hätte sich verletzen können!" Frau Hirschfeld ist immer besorgt um ihre wilden Kinder. Der Reiterhof, auf dem sie wohnen, bietet unendlich viele Möglichkeiten für Spiele, die Frau Hirschfeld zu riskant findet.

„Dann solltest du mir das Stiefelputzen verbieten, Mama. Das ist wirklich gefährlich. Stell dir nur vor, was passiert, wenn ich mit der Bürste abrutsche und mich an der Hand verletzte!" Doch mit dieser Strategie hat Jacki keine Chance bei ihrer Mutter.

„Deine Wettschulden musst du schon einlösen." Dennis grinst zufrieden. Jacki zieht eine Grimasse.

Auf dem Hof steht Herr Hirschfeld mit Walter. Walter ist ein alter Freund von den Hirschfelds. Er hat, wie viele andere Leute, sein Reitpferd bei den Hirschfelds stehen. „Also euer Scheich, Manfred", sagt Walter gerade zu Jackis und Dennis Vater, „das ist ja ein Prachtkerl von einem Araberhengst geworden. Werdet ihr ihn bald mal als Zuchthengst verleihen?"

„Ja, Scheich ist wirklich ein tolles Pferd", antwortet Herr Hirschfeld stolz. „Ich denke, dass wir ihn bald als Zuchthengst anbieten. Damit bringt er uns ein wenig Geld in die Kasse. Er hat einen ordentlichen Stammbaum. Wenn wir ihn verleihen, dann kann er Vater von guten Fohlen werden, die den Besitzern einiges an Geld bringen."

„Ist schon ein Ding", überlegt Walter laut, „da hat jemand eine tolle Stute, leiht sich einen Hengst, damit die Stute ein Fohlen bekommt, dann zieht er das Fohlen auf, verkauft es und muss dem Besitzer des Hengstes Geld zahlen, obwohl der doch mit der Aufzucht des Fohlens gar nichts zu tun hatte."

„Ja, aber ohne den Hengst ginge es nun mal nicht. Und ich habe mit dem Pferd ja auch Mühe und Kosten."

„Hm", nickt Walter nachdenklich, „vielleicht hast du ja Recht."

„Hallo Philipp", begrüßt Herr Hirschfeld den jungen Mann, der gerade aus dem Stall kommt. „Gehst du schon nach Hause?"

„Ja", nickt Philipp, „muss heute etwas früher los. Ich bringe nur schnell meine Stiefel und die Jacke rüber ins Räumchen." Das ‚Räumchen' wird der Flur genannt, der zum Clubraum führt. Der Clubraum gehört allen, die zum Reiten auf den Hirschfeldhof kommen.

„Ist gut", nickt Herr Hirschfeld, „bist du morgen Früh wieder da?"

„Na klar. Wie jeden Tag." Niemand außer den Hirschfelds ist so viel auf dem Hof wie Philipp. Er gehört fast zur Familie, sagt Frau Hirschfeld oft.

„Noch mehr Stiefel", stichelt Dennis. „Und nicht, dass du denkst, du könntest dich drücken. Ich weiche nicht von deiner Seite, bis der letzte Stiefel glänzt." Jacki mault, aber sie weiß, dass es kein Entkommen gibt.

Jackis Eltern stehen gerade im Clubraum als

Jacki am nächsten Morgen die Tür aufreißt und schreit:

„Scheich ist weg! Er ist ausgebrochen!" Herr Hirschfeld springt sofort auf.

„Das kann doch nicht wahr sein. Ich bin sofort unten an der Koppel." Während Vater und Tochter losstürzen, bleibt Frau Hirschfeld zurück. Sie will das Regal fertig aufbauen, mit dem sie gerade beschäftigt waren.

„Ich kann da jetzt ohnehin nichts tun", murmelt sie und macht sich an die Arbeit.

Als Herr Hirschfeld mit Jacki an der Koppel ankommt, wartet Dennis bereits auf die beiden.

„Ich glaube nicht, dass Scheich abgehauen ist", begrüßt er seinen Vater und Jacki. „Seht doch mal: Hier sind überall Fußspuren und hier sind sogar Abdrücke von Autoreifen. So, wie es gestern Abend geregnet hat, müssen diese Spuren hier frisch sein. Alte Spuren sind gestern weggespült worden." Herr Hirschfeld betrachtet den matschigen Boden beim Gatter der Koppel. Es ist ein Gewirr von Huf-, Fuß- und auch Autospuren.

„Aber das kann ich mir nicht vorstellen", wirft

Jacki ein. „Pollux hätte bestimmt gebellt, wenn Fremde mit dem Auto hier an die Koppel gefahren wären."

„Das stimmt auch wieder", pflichtet Herr Hirschfeld seiner Tochter bei, „Pollux unterscheidet zwischen allen, die zum Hof gehören und Fremden. Und er hätte bestimmt etwas bemerkt, wenn hier unten jemand ein Pferd klaut."

„Vielleicht sollten wir lieber die Polizei rufen", schlägt Dennis vor. „Ich sag Mama Bescheid." Als Dennis oben auf dem Hof ankommt, steigt Philipp gerade aus seinem Auto. Dennis läuft gleich zu ihm rüber. „Philipp, stell dir vor, Scheich wurde geklaut!"

„Nein, das kann doch nicht wahr sein." Philipp ist entsetzt. „Ich hole rasch meine Jacke und die Stiefel und komme mit runter zur Koppel. Vielleicht finden wir ja einen Hinweis." Die beiden stürmen auf die Terrasse. Philipp läuft ins Räumchen und zieht sich schnell andere Schuhe an, während Dennis zu seiner Mutter stürzt und sie bittet die Polizei anzurufen. Dennis ist eben mit seinem Bericht fertig, da kommt Philipp auch schon durch den Clubraum. Er grüßt Frau Hirschfeld im Vorbeilaufen und springt zu Dennis auf die Terrasse. Durch die zufallende Tür hört Dennis seine Mutter noch etwas rufen. „... Lehm durch den ganzen Clubraum geschleppt!" Oder so ähnlich. Manchmal wundert sich Dennis über seine Mutter. Wie kann sie sich jetzt über Dreck im Clubraum aufregen. Es ist schließlich ein Notfall. Sonst läuft Philipp – wie alle anderen auch – nicht mit Stiefeln durch das Clubhaus.

„Da seid ihr ja endlich! Kommt die Polizei?" Jacki ist ganz aufgeregt. Herr Hirschfeld läuft zornig auf und ab. „Wer tut so etwas? Wer klaut einfach mein Pferd!"

Phillip läuft zu dem Gatter und betrachtet es fachmännisch: „Keine Spuren. Hier ist absolut nichts."

„Und wenn du da noch weiter durch den Matsch läufst, sind auch bald keine Spuren mehr auf dem Boden", schimpft Herr Hirschfeld zornig.

„Oh, Verzeihung." Philipp springt erschrocken zur Seite.

„Ich glaube", sagt Dennis nachdenklich, „wir brauchen die Spuren nicht mehr." Alle blicken Dennis erstaunt an.

Dennis hat offensichtlich eine Ahnung, wer Scheich entwendet hat.

Hast du auch schon eine Ahnung?

Lösung Fall 1:
Als Marie aufwachte, glaubte sie zunächst Schritte gehört zu haben, beruhigt sich aber dann, weil sie denkt, sie sei von Totos Bellen aufgewacht. Durch das Feuer geriet sie jedoch ins Grübeln. Wenn ihr erster Eindruck nun richtig war? Dann hätte aber Toto, der ja eigentlich ein guter Wachhund war, Alarm schlagen müssen – es sei denn, er kannte die Person. Dafür spricht, dass sein Gebell freudig klang. So, wie beim Aufbruch, als Tom ihm etwas zugeworfen hatte. Und Tom hatte Manu zu überreden versucht das Haus und die Scheune abzureißen – das war jetzt nicht mehr nötig ... Maries aufkeimender Verdacht bestätigt sich dann durch ihre und Adas Entdeckung: Die Benzinspur lässt auf Brandstiftung schließen. Den Stummel, den Marie findet, erkennt sie sofort an dem seltsamen Geruch von Toms Nelkenzigaretten. Und sie ist sich ziemlich sicher, dass sein roter Sportwagen Kratzer aufweist – an den Bruchstellen der Zweige am Wegrand hatte Ada Farbe bemerkt.

Lösung Fall 2:
Die Pferde bekommen tatsächlich nicht genug Futter. Oder besser: Sie bekommen nicht das richtige Futter. Andi verdient sich heimlich Geld, indem er das teure Futter weiterverkauft und den Pferden stattdessen billiges Futter gibt. Damit

niemand merkt, dass er nicht das richtige Futter verfüttert, füllt er es in die blauen Säcke um. Caroline und Micha haben beobachtet, wie er mit den leeren blauen Säcken auf dem Schubkarren Richtung Wald gelaufen ist. Dort am Wald ist Micha dann über die alten weißen Säcke gestolpert. Das erklärt auch, woher Andi so viel Geld für ein neues Motorrad hat.

Lösung Fall 3:

Der Jockey von Grey Flash hat gemeinsam mit dem dünnen Aufpasser das Pferd ausgetauscht. Sie haben seit Monaten einen schnellen, grauen Hengst trainiert, der Grey Flash zum Verwechseln ähnlich sieht. Ihr Ziel war es, die Wettquote für Grey Flash zu manipulieren. Denn – so hat es der Onkel Beate erklärt – je weniger Leute auf ein Pferd setzen, desto höher ist der Gewinn, wenn das Pferd in dem Rennen siegt. Auf den klapprigen Grey Flash wollte niemand setzen – außer Beate und einem Mittelsmann, der im Auftrag der beiden Betrüger ein halbes Vermögen auf Grey Flash gesetzt hatte. Im Eifer des Siegestaumels wäre niemand auf die Idee gekommen, die Identität des Pferdes anzuzweifeln. Aber Beate hatten gerade die lustigen weißen Flecke hinter den Ohren von Grey Flash so gefallen. Der ausgetauschte Hengst hat einen einfarbigen, grauen Hinterkopf. Auf dem Monitor kann Beate dem ungläubigen Moderator den falschen Hengst mit den fehlenden Flecken zeigen. Das Rennen wird abgebrochen und Beate bekommt zum Dank eine Jahreseintrittskarte für die Rennbahn geschenkt. „Da wird deine Mutter aber stöhnen", lacht der Onkel.

Lösung Fall 4:
Maria berichtete gleich am Anfang, dass ihr nur das Wechselgeld, also die Münzen gestohlen wurden, und Matthias verpflichtete die Anwesenden zum Schweigen. Also konnte nur der Dieb wissen, dass sich in der Kasse nicht die gesamten Einnahmen, sondern nur Münzen befanden. Fast alle reden von Dingen, die sie sich kaufen oder anderen zukommen lassen würden, wenn sie viel Geld übrig hätten, nur einer weist darauf hin, dass sich das nicht lohnt, und weiß, dass es sich bei dem Diebesgut ausschließlich um Münzen handelt: Der Clown Raffi.

Lösung Fall 5:
Marcel und seine Clique haben Daliahs Satteldecke ausgetauscht. Doch damit nicht genug, sie haben auch Kastanienhüllen so dazwischen gelegt, dass Daliah zwangsläufig gepiekst werden musste, sobald Druck auf ihren Rücken ausgeübt wird. Marcel oder einer seiner Freunde haben die Kapuzenjacke von Franz benutzt um ungehindert

den Austausch vornehmen zu können. Deshalb wollte Marcel auch nicht, dass Franz seine Jacke holt. Vermutlich ist Sandra an dem Komplott ebenfalls beteiligt. Sie hat Hedi währenddessen abgelenkt und vor allem hat sie auch bestätigt, dass es sich bei demjenigen, der sich an Daliah zu schaffen machte, um Franz handelt.

Lösung Fall 6:
Schon im Kaffeehaus unterhielten sich Stefan und seine Eltern über Farbpigmente in Haut und Haaren und was diese bewirken. Stefan erkannte, dass Pferde und Menschen eigentlich in dieser Hinsicht gar nicht so verschieden sind. Genau wie hellhäutige Menschen neigen auch helle Pferde eher dazu, Sonnenbrand zu bekommen als dunkle. Besonders Albinos, Schimmel, Falben und Füchse sind stärker gefährdet. An Maul, Nüstern und Fesseln bilden sich Bläschen und Rötungen, die jucken und leicht verschorfen können. Genau das ist mit der Schimmelstute passiert: Sie zuckt zurück als Stefan sie streicheln wollte und rieb ihre juckenden Stellen am Nachbarn. Dass der Kutscher daran Schuld hat, ist keine Frage. Immerhin hat er selbst zugegeben, die meiste Zeit in der prallen Hitze auf Kundschaft zu warten oder Pause zu machen. Wenn er etwas von Pferden verstehen würde, hätte er dafür gesorgt, dass seine Pferde im Schatten stehen. Und er hätte den ersten Sonnenbrand erkannt.

Lösung Fall 7:
Dennis hat eins und eins zusammengezählt. Zum einen kann der Pferdedieb nur jemand sein, der oft auf dem Reiterhof der Hirschfelds ist, weil der Wachhund Pollux sonst gebellt hätte, als Scheich gestohlen wurde. Dann hat sich Dennis noch mal durch den Kopf gehen lassen, was seine Mutter da gerade gerufen hat. Philipp hatte an seinen Stiefeln so viel Dreck, dass er diesen Lehm im ganzen Clubraum verteilt hat, als er hindurchlief. Aber Dennis war gestern Zeuge, wie seine Schwester alle Stiefel – auch die von Philipp – sauber gemacht hat. Er muss sie also nachts noch einmal angezogen haben. Philipp gibt die Tat zu. Er hat Scheich „geliehen" um ihn als Zuchthengst auf ein Gestüt in der Nähe zu verleihen. So kann Scheich schon an diesem Tag zurückgeholt werden.

Die Autoren

Simone Veenstra, MA Film, Theater und Literatur, wurde 1970 in Hanau geboren. Ihre Ausbildung absolvierte sie in Erlangen, Groningen, Berlin und New York. Die Autorin ist u.a. als Redakteurin für verschiedene Magazine und Kinderzeitschriften tätig. Darüber hinaus ist Simone Veenstra freie Autorin diverser Kinder- und Jugendmagazine und hat eine mehrbändige Kinderratekrimibuchserie (August 2003) zusammen mit Ulrike Rogler konzipiert und ausgearbeitet. Derzeit arbeitet sie an Kinder- und Jugendbüchern und -drehbüchern, Krimis, Kurzgeschichten- und Märchensammlung und an einem populären Sachbuch. Die Autorin lebt und arbeitet hauptsächlich in Berlin.

Ulrike Rogler, MA Germanistik, Geschichte, Psychologie, wurde 1971 in Frankfurt-Höchst geboren. Die Autorin arbeitet u. a. als Redakteurin für Funk und Fernsehen, für diverse Magazine, Kinder- und Jugendzeitschriften und schreibt Kinderbücher. Sie hat zusammen mit Simone Veenstra eine mehrbändige Kinderratekrimibuchserie (August 2003) konzipiert und ausgearbeitet. Ulrike Rogler lebt als freie Autorin und freie Journalistin in Berlin.

Die Illustratorin

Ines Markowski wurde 1971 in Sonneberg geboren. Sie absolvierte eine Ausbildung zur Mediendesignerin. Anschließend arbeitete sie als Grafikdesignerin bei Fa. BAUR in Burgkunstadt. Seit Anfang 2003 ist sie freiberuflich als Mediendesignerin und Künstlerin tätig.

Lesefix Ratekrimis

In dieser Reihe sind erschienen:

3-8112-2202-3

3-8112-2205-8

3-8112-2203-1

3-8112-2204-X

Je 96 Seiten, durchgehend farbig illustriert, Format: 14,4 x 21,0 cm.

gondolino

Schmökerspaß zum Sammeln!

Kennst Du schon unsere Schmökerbären-Reihe?
Hier kannst Du ankreuzen, welche Titel Du
gerne lesen möchtest!

❑ Abenteuergeschichten
3-8112-2114-0

❑ Delfingeschichten
3-8112-1981-2

❑ Fußballgeschichten
3-8112-1924-3

❑ Gespenstergeschichten
3-8112-1925-1

❑ Gruselgeschichten
3-8112-2111-6

❑ Hexengeschichten
3-8112-2112-4

❑ Indianergeschichten
3-8112-1982-0

❑ Krimigeschichten
3-8112-1983-9

❑ Pferdegeschichten
3-8112-1923-5

❑ Ponygeschichten
3-8112-2113-2

❑ Rittergeschichten
3-8112-1980-4

❑ Schulgeschichten
3-8112-1922-7

❑ Seeräubergeschichten
3-8112-1926-X

❑ Weihnachtsgeschichten
3-8112-1927-8

Je 128 Seiten, durchgehend farbig illustriert, Format 15,0 x 20,0 cm.

gondolino